# NOTICE

# BIOGRAPHIQUE.

---

# NOTICE

# BIOGRAPHIQUE

SUR

M. Paul - François PIHAN - DELAFOREST, Procureur Impérial près le tribunal de première instance du 2.ᵉ arrondissement du département de Seine-et-Oise, séant à Pontoise, décédé en cette ville le 16 mars 1810.

*Par son fils aîné, sous-caissier du ministère de l'Intérieur.*

PAUL-FRANÇOIS PIHAN-DELAFOREST est né à Pontoise, à la fin de 1739. Il fit ses premières études au collége de cette ville, et s'y fit remarquer par son application au travail, et par ses essais souvent couronnés.

Ayant terminé ses humanités, il se destina au

barreau, et, en 1764, il fut reçu avocat au parlement de Paris; il y exerça cette profession avec distinction. L'amitié que lui porta constamment le célèbre Camus (a), son contemporain et son collègue, en seroit déjà une preuve honorable, si, par divers plaidoyers d'éclat et par un ouvrage imprimé à Paris en 1771, sous le titre d'*Esprit des Coutumes du Bailliage de Senlis* (a b), et qui fut généralement estimé des jurisconsultes et des praticiens, il n'avoit suffisamment établi sa réputation.

L'intérêt qu'il sut inspirer au prince de Monaco, qui le destinoit à régir ses principautés, ne put balancer un instant son amour pour sa patrie et pour sa ville natale : le prince, dont il étoit le conseiller intime, le nomme son intendant-général. Il part; mais une triste dépêche suit ses traces, le rejoint, et lui annonce la perte subite de son père; accablé de cette nouvelle, il retourne sur ses pas, va trouver le prince, renonce à sa fortune, malgré toutes les instances,

---

(a) *Lettres sur la profession de l'avocat, et Bibliothèque choisie des Livres de droit qu'il est le plus utile d'acquérir et de connoître* ; par M. Camus; 3ᵉ édition, Paris, tom. 1ᵉʳ, pag. 138.

(a b) *Mercure de France*, août 1772, pag. 94.

et le quitte pour aller pleurer son père et se montrer digne de lui succéder.

Ce fut en mai 1774, que ce funeste événement et son attachement pour son pays le rappelèrent à Pontoise, où M. de Sauvigni, intendant de la généralité de Paris, lui réservoit la place de subdélégué, remplie pendant trente-quatre années par Pihan-Delaforest, son père, doyen des avocats près le bailliage de Pontoise.

La place de subdélégué, toute pénible qu'elle étoit à remplir, ne suffit pas encore à son activité ; il obtint bientôt, à la demande de MM. les officiers du bailliage, les provisions des offices d'avocat et de procureur du roi au bailliage, police et ville.

Dans ces deux genres de travaux, il sut également développer des talens administratifs et judiciaires : dans l'administration, un abord facile, un accueil réservé mais honnête, une prompte expédition des affaires, une police ferme, une juste distribution dans les faveurs et les secours que le gouvernement remettoit entre ses mains, soit pour l'industrie, soit pour le malheur ; tels étoient les devoirs qu'il s'étoit imposés : au barreau, il s'étoit prescrit l'impartialité et l'intégrité inséparables de tout vrai magistrat ; de plus, un examen approfondi des affaires soumises à son ministère ; s'il eut une sévérité inflexible, elle étoit toute dans la loi dont il étoit l'organe, mais non dans son ame tellement compatissante, que je sais qu'il n'a jamais prononcé la peine capitale contre le criminel, sans rentrer chez lui accablé et malade.

Mais de quelle époque malheureuse de sa vie vais-je parler ? Le vaste édifice social s'ébranle, il est renversé.... Quel sort est réservé à l'homme de bien !

En juillet 1789, je me tais..... ; mon père a donné l'exemple de l'oubli de la persécution ; mais en passant sous silence tous ces cruels momens, je me plains de ne pouvoir témoigner ma gratitude toute entière à ces honnêtes citoyens qui, au péril de leur propre vie, et lui faisant un rempart de leur corps, l'ont soustrait à l'aveuglement et à la fureur d'une foule égarée.

Vous avez reçu la récompense de votre bonne action, dignes compatriotes, puisque dans d'autres tems , vous avez pu le représenter à cette même foule , lorsqu'elle reconnut son injustice , et que, de plus, il vous a montré par sa conduite, qu'il n'avoit jamais gardé le souvenir des offenses qu'il avoit essuyées.

Je m'arrête pour te chercher , ô mon père, tu as fui , et sept enfans en pleurs te redemandent : mais déjà ils ne tremblent plus pour tes jours ; le roi t'accorde une sauve-garde.

Tu restes en exil pendant près de deux ans ; je dois le dire , pendant ce tems d'infortune , tu ne manquas pas de consolations. Tu trouvas un asyle près d'une seconde mère qui eut pour toi l'affection la plus tendre unie aux soins les plus prévenans. L'amitié que te prodigua M. de Jussieu, dans lequel tu rencontrois sans cesse le mérite le plus distingué joint à une rare modestie, fit aussi une puissante diversion à ta peine.

Jouissez , ames généreuses. Il fut reconnoissant toute sa vie ; et son cœur, il l'a transmis tout entier à sa veuve et à ses enfans..

Après ces deux années , tes concitoyens te rendirent justice. Chacun d'eux se demandoit depuis long-tems quels reproches on pouvoit t'adresser. Absent, tu es mieux apprécié, tes amis embrassent hautement ta cause, enfin, tu es justifié, on t'appelle. Quel jour pour ton cœur ! Il a sans doute éprouvé un sentiment de reconnoissance envers ses persécuteurs, puisqu'ils lui ont procuré une aussi douce jouissance.

Ta famille te reçoit comme un ange tutélaire, et bientôt ton prince lui-même te donne aussi la récompense de tes vertus, en te nommant à la fin de 1790, son commissaire près le tribunal du district de Pontoise, c'est-à-dire en te rendant tes anciennes fonctions sous une nouvelle dénomination. Ce magistrat y apporta son intégrité et son zèle acccoutumés.

Cependant les événemens de la révolution se précipitoient et se renouveloient sans cesse, ils ne lui laissèrent pas long-tems la faculté de se livrer à ce même zèle : le mois de septembre 1792 vit par un décret expulser tous les commissaires du roi, avec défense aux tribunaux de les réélire ; alors M. Pihan-Delaforest resta environ dix-huit mois sans fonctions publiques. C'est dans cet intervalle que de nouvelles infortunes vinrent l'assaillir : l'armée révolutionnaire et les comités arrachent ce citoyen paisible de ses foyers, et lui font passer quelque tems de sa vacance ( ce sont ses paroles ) dans une maison de retraite.

Honnêtes concitoyens renfermés avec lui, quelle conduite tint-il au milieu de vous ? Le vîtes-vous en proie aux inquiétudes sur son sort ? Vîtes-vous ce cœur ulcéré, privé de sa femme et de ses enfans, qui seuls étoient sa consolation, le vîtes-vous, dis-je, abandonné à la douleur ? Plusieurs de vous se le rappellent, calme et résigné, il cherchoit à consoler ses compagnons d'infortune.

Quel témoignage précieux de ses vertus dans ces tems malheureux ! Quelles leçons il donnoit aux aînés de ses enfans, en faisant passer à la dérobée quelques mots remplis de bonté, et suivis des conseils de la sagesse !

Une fois, vous le raconterai-je, je suivis son geolier, sans en être aperçu ; j'arrive à sa cellule. Ce bon père m'aperçoit, m'embrasse tendrement, et puis me fait de doux reproches d'avoir exposé son gardien aux réprimandes des autres surveillans.

Le captif avoit mis son sort entre les mains de la Providence; elle ne l'abandonna pas , et j'aime ici à rappeler le bonheur dont les représentans du peuple Lacroix et Musset firent jouir sa famille, en lui rendant sa liberté, et même en le nommant quelque tems après membre du bureau de conciliation près le tribunal du district de Pontoise.

Nous serrons de nouveau notre respectable père dans nos bras, mais en l'embrassant, nous lui demandons du pain; il n'en avoit pas. Il sacrifie avec résignation tous les objets de prix qui pouvoient lui rester , il abandonne même à notre faim avide une partie de sa foible portion.

Cependant , il est toujours le même , son humeur égale n'exhale aucun reproche : il paroît heureux de tous ses sacrifices. Une loi vient encore l'accabler; elle permet le remboursement des rentes ; il se soumet, ne refuse personne, n'adresse aucune plainte, et voit son capital lui servir à la subsistance de la journée.

Si j'ai rappelé ici des malheurs communs à tous les Français, c'est pour montrer le calme de l'homme résigné au sein de l'infortune.

Je reviens à mon sujet pour n'avoir plus à re-tracer qu'un tems de calme et de bonheur jusqu'au dernier acte de sa vie.

Il exerçoit, dit-il, l'emploi cher à son cœur de membre du bureau de conciliation , lorsqu'en l'an 4 , les sections de la ville de Pontoise l'appe-lèrent à l'unanimité à la place de juge de paix ; il accepta ces fonctions avec reconnoissance , et jusqu'à l'an 8 , il n'en remplit pas d'autres.

On le sait, pendant le tems de sa magistrature, les conciliations furent fréquentes , et de sa vie il ne jouit d'une plus grande satisfaction ; sa santé alors en éprouva une douce influence , et parut moins chancelante.

Mais j'aperçois un horizon politique plus se-rein , et j'arrive à cette heureuse époque où la France , déchirée depuis trop long-tems par des factions , sort tout-à-coup de ses ruines , le gou-vernement s'organise , la vertu n'est plus dans l'exil et dans l'obscurité ; elle est rappelée à son poste.

En l'an 8 , S. M. l'Empereur, alors Premier Consul , nomma M. Pihan-Delaforest commissaire du gouvernement près le tribunal de première instance séant à Pontoise. Cette première faveur ne fut pas la seule dont Sa Majesté l'ait honoré. En l'an 13 , elle lui envoya le diplôme de président du collége électoral de l'arrondissement de Pontoise, collége qui depuis le choisit pour premier candidat au corps législatif ; quelque tems après , le titre de commissaire du gouvernement fut commué en celui de procureur-impérial.

De l'an 8 à cette époque, je n'ai plus rien à dire ; l'éloquent discours de M. le président du tribunal de Pontoise * a suffisamment attesté le prix que ce tribunal attachoit au mérite de M. Piban-Delaforest, et je ne puis que renouveler l'expression de ma gratitude pour l'hommage que M. le président a rendu à la mémoire de ce magistrat.

Me voici à la scène déchirante qui accable sa famille et la rend inconsolable.

Sainte religion , suspends mes larmes , et

------

* Ci-après, page 23.

donne-moi la force de la retracer, puisque c'est pour ta gloire que je l'entreprends !

A la sortie de chaque hiver, mon père, par sa foible santé, donnoit des alarmes à sa famille ; toujours assidu à ses devoirs civils et religieux, il ne mettoit point d'interruption dans leur exercice.

Je le félicitois déjà d'avoir franchi la saison rigoureuse, lorsque le 28 février dernier, il m'annonce qu'à la sortie de l'audience, un coup de vent lui avoit causé une fluxion. Il garde quelques jours la chambre, son mal se dissipe, et le mercredi des cendres, il se croit assez fort pour se présenter au tribunal de la pénitence.

Ce jour, 7 mars, en rentrant, il se sentit indisposé, et eut une mauvaise nuit ; un catharre se déclara ; ses forces physiques épuisées ne lui permirent pas d'expectorer ; il fut bientôt attaqué d'un délire suivi de la perte de sa connoissance ; cet état inquiétant dura jusqu'au 15, où sa famille fut avertie du malheur qui la menaçoit.

Son curé est appelé ; en arrivant, une précaution l'engage à ne pas se présenter devant lui en habits sacerdotaux ; il s'approche du lit , il appelle ; il est repoussé ; il appelle de nouveau , vains efforts ! N'ayant plus d'espoir de se faire entendre , il se retire à l'écart pour reprendre les marques nécessaires à ses pieuses fonctions. Il reparoît devant le malade. O miracle de piété ! le pasteur est à l'instant reconnu , le malade le salue d'un regard doux, recouvre la parole, fait le signe du salut des chrétiens , lève une main, dont naguères il ne pouvoit plus disposer , lève , dis-je , cette main pour annoncer son départ pour la céleste patrie , puis suit les prières de l'église , répète avec confiance un acte de contrition , et présente ses membres aux onctions.

Il se soumet ensuite à ce qu'on peut desirer pour le retour de sa santé ; il sourit à ses enfans , qui saisissent avec transport ce doux rayon d'espoir ; il appelle son épouse : « *Tu vois bien* , lui » dit-il , *les secours spirituels ne font pas mou-* » *rir.* » Ensuite un sommeil doux s'empare de lui , il n'en sort plus que pour nous quitter à jamais.

Notre père , à l'âge de 71 ans , après avoir

fait le bonheur de sa famille, et après une magistrature de quarante-six ans, abandonna ce monde pour s'élever vers le ciel, où ses vertus l'ont sans doute appelé.

Maintenant laissez couler mes larmes; eh! pourrai-je trop en répandre, puisque j'ai perdu tout-à-la-fois, le meilleur des pères, le protecteur de mon enfance, le guide de ma jeunesse, mon ami, l'ami de mes enfans, en un mot, un exemple de sagesse et de vertu.

Je viens de remplir une tâche bien pénible en r'ouvrant des blessures déjà trop profondes; si je l'ai entreprise, c'est parce que l'expression des sentimens des premiers magistrats de l'arrondissement a dû m'en imposer le devoir.

Le respectueux témoignage de ma reconnoissance envers un prince * bon et compatissant, qui a daigné m'adresser des consolations dans mon infortune, me prescrivoit aussi de justifier l'intérêt dont Son Altesse a constamment honoré cet homme de bien.

___________

* Son altesse sérénissime le prince et duc de Plaisance, architrésorier de l'Empire.

Grand prince ! si tu as daigné accorder quelqu'estime à mon père, l'hommage qu'il rendoit aux éminentes vertus qui te placent au rang des plus grands hommes d'Etat, et parmi les savans les plus distingués, étoit le doux échange dont il aimoit à payer tes bontés.

Ombre chérie de mon père, si ton fils cherche en ce moment à acquitter ta dette, il reconnoit en même tems que rien ne peut l'affranchir de celle qu'il se plaît à contracter pour cet illustre protecteur.

La ville de Pontoise *, par l'organe de ses autorités, a manifesté sa douleur sur la perte du doyen de ses magistrats ; en mettant au jour la conduite de mon père, j'ai cherché à prouver que son attachement à ses concitoyens le rendoit digne de leurs regrets.

Pour en offrir encore une nouvelle preuve, je puis ajouter que non content de leur offrir ses conseils et de leur dévouer son existence comme magistrat, il voulut encore leur consacrer ses

---

* Voir ci-après, page 20.

loisirs, comme écrivain ; et que , dans cette vue qui honore son patriotisme, il s'étoit attaché à réunir tous les matériaux d'une histoire de notre ville et du Vexin français ; que déjà même il s'occupoit de la rédaction de cette histoire.

Je conserverai avec soin ce travail, et si , par mes efforts , je parvenois à composer un ensemble digne d'être mis sous vos yeux , je serois bien payé de mes veilles par la satisfaction d'avoir élevé un monument à la gloire de ma ville et à la mémoire de mon père.

Le tribunal, par la voix de son président , a aussi témoigné ses regrets de la perte d'un collègue intègre et juste. J'ai essayé de montrer par des faits que c'est la pensée toute entière de ce tribunal , qui a été exprimée dans sa séance du ministère public, du 22 mars dernier.

J'avois besoin aussi de témoigner ma gratitude à MM. les Administrateurs des Hospiees réunis de la ville de Pontoise , pour le précieux souvenir qu'ils ont consacré à leur ancien Collègue *.

Toutes ces autorités, en manifestant leur deuil,

* Page 29.

2

justifient le profond chagrin de sa famille, et semblent encourager l'aîné de ses enfans à faire connoître la conduite privée de son père.

Pendant trente-un ans de sa vie, ce bon père fut un exemple d'amour pour sa femme et de tendresse pour ses huit enfans. Son égalité de caractère leur faisoit distinguer d'un seul regard sa satisfaction ou son mécontentement; jamais il n'excita de passions jalouses, parce qu'il n'accorda de faveur qu'à la bonne conduite.

Dans notre enfance, quand il déroboit quelques loisirs au travail, qui prenoit régulièrement dix heures de sa journée, il partageoit nos jeux; dans nos études, il se plaisoit lui-même à applanir les difficultés dont la science est hérissée; dans l'adolescence, sans avoir besoin de nous parler, il nous guidoit par sa conduite vers la piété, la bienfaisance et toutes les vertus de la société; enfin il dirigeoit nos penchans par des conseils salutaires que confirmoit à nos yeux la vie la plus exemplaire.

Depuis quelques années, plusieurs de ses enfans éloignés de lui pour embrasser différentes carrières, pourroient témoigner avec quelle active sollicitude sa tendresse veilloit sur eux.

Que ne puis-je ici produire son aimable correspondance !

Mais je m'arrête, car je craindrois qu'un langage trop flatteur ne blessât la modestie de mon père , si j'ai été trop avant , qu'il m'excuse ! Je n'eus que la pensée de le faire connoître , et je regrette , en finissant , que ma plume n'ait donné qu'une foible idée des sentimens de vénération qui me le rendoient si cher , et qui éterniseront sa mémoire dans mon cœur.

*Le maire et les adjoints de la ville de Pontoise,
à Messieurs Pihan - Delaforest et Duval
Vaucluse,*

MESSIEURS,

Tous les habitans de la ville de Pontoise re-grettent avec vous votre respectable père. La perte de ce magistrat intègre est regardée comme une calamité publique. Il étoit à bien juste titre aimé et respecté de tous, parce qu'il étoit bon, juste et bienfaisant.

Nous vous adressons les regrets des habitans, comme un hommage dû à sa mémoire, comme une expiation de l'erreur des citoyens dans un tems de désordre et d'anarchie ; et aussi comme une des plus puissantes consolations que nous puissions offrir à votre douleur. Nous respectons trop l'affliction de Madame, de Mademoiselle Delaforest et de Madame Duval Vaucluse pour oser leur adresser directement l'expression de nos sentimens.

Recevez, Messieurs, l'assurance de notre estime et de notre attachement.

LESEURE, maire;

LALOUETTE et PIQUEREL, adjoints.

~~~~~~~~~~~~~~~~~~~~~~~~~~~~~~~~~~~~~~~~~~~~~~~~

*Extrait du Journal du département de Seine et Oise, du jeudi 29 mars 1810, n°. 13.*

---

# NÉCROLOGIE.

---

M. Pihan-Delaforest, procureur-impérial près le tribunal de première instance de Pontoise, est mort le 16 de ce mois, dans la 71$^{me}$ année de son âge ; sa nombreuse famille a perdu le meilleur des pères, le tribunal un magistrat intègre et éclairé, et la ville un excellent citoyen. La famille de M. Pihan-Delaforest est l'une des plus anciennes de la ville de Pontoise ; celui qui vient de décéder étoit, avant 1789, procureur du roi au bailliage ; son ayeul, François-Pihan-Delaforest, étoit procureur du roi au grenier à sel en 1698. La perte de cet homme de bien a été un deuil général pour tous les habitans de Pontoise.
~~~~~~~~~~~~~~~~~~~~~~~~~~~~~~~~~~~~~~~~~~~~~~~~

Le tribunal a exprimé dans une séance publique, par l'organe de M. Boileau, son président, l'attachement et l'estime dont il étoit pénétré pour ce magistrat, dont il avoit bien apprécié les qualités.

# DISCOURS

Prononcé le 22 mars 1810, à l'ouverture de l'audience des causes communiquées au ministère public, pour honorer la mémoire de M. PIHAN-DELAFOREST, procureur impérial, décédé le 16 du même mois.

MESSIEURS,

LE tems, dont rien ne peut arrêter la marche, nous ramène, dans l'ordre de nos travaux hebdomadaires, le jour où le ministère public concourt, dans une partie des intérêts qui lui sont confiés, à l'instruction et à la confection des affaires. Ce jour luit pour tous tant que nous sommes, mais sa lumière est à jamais éteinte pour le magistrat à l'assistance duquel il étoit spécialement consacré. Il n'y a plus personne à cette place qui étoit si dignement occupée ; elle est irrévocablement abandonnée par celui qui depuis près de quarante ans n'avoit cessé d'en remplir les fonctions d'une manière si distinguée.

Nous pouvons le dire, messieurs, puisque c'est un moyen de consolation dans notre douleur, il n'a fallu rien moins que la mort pour arracher celui que nous pleurons, d'un poste dans lequel, malgré l'affoiblissement journalier de ses forces physiques, notre amitié pour lui et son attachement pour nous, l'avoient retenu jusqu'à ce moment. Hélas ! messieurs, les besoins de nos justiciables, les vôtres, et surtout les nôtres, n'ont point cessé de se faire sentir, et cependant notre ami a cessé d'être !

Qui donc remplacera celui que nous avons perdu ? Retrouverons-nous jamais un assemblage aussi complet de toutes les vertus, et de toutes les qualités du cœur et de l'esprit ? Retrouverons-nous cette pureté d'ame, cette austérité de principes , cette érudition , cette sagacité , cette finesse d'idées , et , je ne crains pas de le dire , cette éloquence dont sa modestie et sa droiture croyoient ne devoir admettre le luxe qu'avec beaucoup de discrétion , mais dont il savoit faire mouvoir les ressorts si à propos ? Au reste , messieurs , sur tous ces points , nous ne pouvons qu'en référer à la sagesse du gouvernement; mais que de jouissances nous sont enlevées par la perte que nous venons de faire !

Rappelez-vous , messieurs , que tous les instans de la vie de ce respectable magistrat nous étoient exclusivement consacrés ; que nous pouvions en tous tems et à toute heure disposer de ses lumières et de son zèle , et que sa complaisance étoit générale , comme elle étoit sans bornes.

Eh , messieurs , quelle influence n'avoit pas sur chacun de nous le tableau de la conduite que tenoit cet homme vertueux , soit comme magistrat , soit comme membre de la société , soit enfin comme chef de famille ?

Continuellement retranché dans la solitude de son cabinet, il nous y donnoit l'exemple de l'assiduité au travail, et du dévouement le plus entier aux intérêts des parties. Sortoit-il de sa retraite, ce n'étoit que pour nous apporter le fruit de ses veilles et de son inépuisable activité.

Combien de fois, messieurs, tout en le trouvant contraire à vos opinions, n'avez-vous pas intérieurement approuvé la sienne ! Combien de fois nous-mêmes ne nous sommes-nous pas vus entraînés dans sa manière de voir, lorsque, jusqu'à ce qu'il l'eût fait connoître, nous nous en étions formé une toute opposée !

Avons-nous quelquefois cherché autour de nous un modèle de perfection quant aux qualités sociales, nous avons à l'instant même tourné nos regards sur celui que nous regrettons. Quelle douceur de mœurs, quelle affabilité envers tout le monde, quelle égalité dans le caractère !

Pouvoit-on, messieurs, avoir moins de prétention à la supériorité, avec plus de droits à l'obtenir ! Oui, messieurs, si l'opinion publique n'avoit pas assigné le rang que devoit occuper parmi nous le magistrat dont nous déplorons la perte, en vain chercherions-nous celui qu'auroit pu lui attribuer son ambition : rien sous ce rapport n'étoit capable de l'intéresser, si ce n'est le calme de son ame, dont aucune affection mondaine ne pouvoit troubler la tranquillité. En effet, messieurs, si quelqu'un parmi vous a pu le suivre de sa vie politique dans sa vie privée, qui présentoit l'abandon de la plus parfaite innocence, vous conviendrez qu'en aucun tems il n'a démenti cette abnégation religieuse que nous lui connoissions : jamais il n'a formé d'autre vœu que celui de remplir exactement ses devoirs de citoyen, d'époux et de père.

Je vous ai tracé, messieurs, une bien légère esquisse de sa manière d'être sous cette première qualité ; j'éprouverois un plaisir bien véritable à vous rapporter une multitude de ces actes affectueux qui l'ont rendu si cher à une famille que sa mort a plongée dans la plus profonde douleur; mais je vois au milieu de nous cette ombre modeste qui, en se détournant avec un air d'improbation, me fait signe de ne pas employer davantage, à des éloges qui la blessent, des momens qui appartiennent au public, et dont elle connoissoit si bien tout le prix. Ah ! restez, ombre chérie, je tais le surplus du bien que je pourrois encore dire de vous ; n'abandonnez pas cette enceinte qui depuis si long-tems vous est redevable de la plus grande partie du bien qu'on y a pu faire; que chacun ici vous ait sans cesse présente à l'esprit; inspirez celui qui défendra le bon droit, et rappelez à la pureté et à la délicatesse de vos principes, celui à qui on auroit sciemment présenté une mauvaise cause, afin qu'il se refuse à la défendre; et si enfin il se voyoit forcé à la porter devant nous, que votre sagesse et vos lumières nous la fassent discerner comme vous l'avez toujours fait, afin que nos jugemens continuent, par l'esprit dans lequel ils seront rendus, d'être aux yeux de tout le monde le gage de la pureté de nos intentions.

Pontoise , 26 mars 1810.

*Les Administrateurs des hospices de Pontoise,
à Madame veuve Pihan-Delaforest.*

Madame ,

Veuillez accepter , pour vous et votre famille, le foible tribut de la commission administrative des hospices de Pontoise , sur la perte irréparable que vous venez de faire.

Ne voulant pas rouvrir une plaie profonde et encore toute saignante , nous nous contentons de vous adresser copie de la délibération , dans laquelle sont consignés nos regrets.

Nous avons l'honneur d'être , Madame , vos très-humbles et très-obéissans serviteurs ,

CHOUQUET , J. B. QUESNEL ,
FONTAINE , CARON.

*Du registre servant à inscrire les délibérations de la commission administrative des hospices réunis de Pontoise, a été extrait ce qui suit :*

Séance du 19 mars 1810.

La commission, dont les membres se félicitent d'avoir connu, tant dans sa vie privée que dans l'exercice de ses fonctions, les vertus et les talens de M. Pihan-Delaforest, ancien administrateur de l'hospice des enfermés de cette ville, décédé procureur-impérial à Pontoise, le 16 mars 1810, croit devoir consigner sur ses registres la douleur que lui fait éprouver la perte d'un magistrat intègre, zélé et éclairé.

Bon mari, père tendre, ami fidèle, esclave de ses devoirs, sévère dans ses mœurs et peu exigeant des autres, il emporte dans la tombe, les regrets de tous ceux qui l'ont connu, et principalement de la classe indigente, dont il fut toujours l'appui et le protecteur.

Pour copie conforme,

CHOUQUET, J. B. QUESNEL, FONTAINE, CARON.

# SIXAIN

### De *M.* PIHAN-DELAFOREST, *élève du Gouvernement au Pensionnat Normal.*

Vertueux magistrat, bon père, bon époux,
Loin de craindre la mort, ce moment lui fut doux ;
En lui la veuve perd un ange tutélaire,
Le foible un défenseur, et l'orphelin un père.
Comme lui, jeunes gens, apprenons à vieillir,
Et comme lui, vieillards, apprenez à mourir.

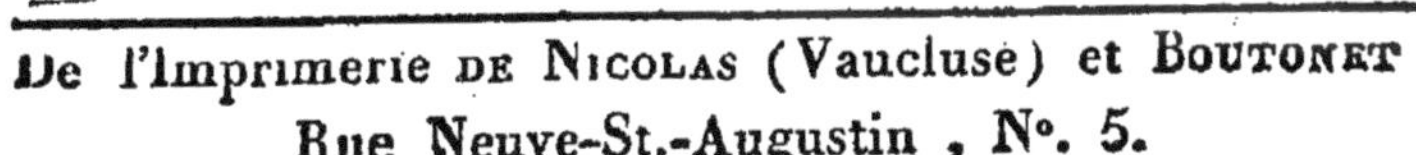

De l'Imprimerie DE NICOLAS (Vaucluse) et BOUTONET
Rue Neuve-St.-Augustin , N°. 5.

9 782014 066630